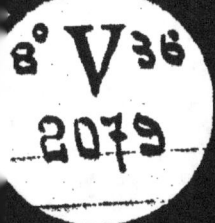

CATALOGUE
DES
TABLEAUX
DU CABINET
DE M. A. DIDOT;

Composé d'un choix de Tableaux de la presque totalité des Peintres vivants les plus estimés,

Dont la Vente se fera rue du Gros Chenet, n° 483, dans la Galerie LE BRUN.

On verra l'Exposition les 25, 26 et 27 décembre (Fêtes de Noël), ou les 5, 6 et 7 nivôse (nouveau style); et la Vente aura lieu le mardi 27 décembre, et jours suivants.

Nota. Une partie de ces Tableaux a été vue à l'exposition du Sallon de cette année, et tous sont ornés de bordures neuves et du dernier goût.

Se trouve A PARIS,

Chez
- CONSTANTIN, Marchand de Tableaux, Quai de l'École, au bas du Pont-Neuf.
- LE JEUNE, Huissier-Priseur, rue Guénégaud.
- LE BRUN, rue du Gros Chenet, la première porte à droite en entrant par la rue de Cléry.

DÉCEMBRE 1796.

AVERTISSEMENT.

Pour faciliter le choix des Amateurs, qui de deux Tableaux faisant pendant n'en desirent souvent qu'un, on vendra chaque Tableau séparément.

On ne délivrera aucun article qui n'ait été payé.

Les lettres T. et B. signifient peint sur *Toile* ou sur *Bois*.

NOTICE ALPHABÉTIQUE DES TABLEAUX DU CABINET DE M. A. DIDOT.

Le choix et le mérite connu de ces Tableaux nous dispensent d'en faire l'éloge.

M.ᵈᵉ AUZOU. (née Desmarquet.)

1. Alcibiade vainqueur aux jeux olympiques, chante ses victoires à la courtisanne Tymandra, qui, ivre d'amour, le couronne de myrte. Hauteur, 38 pouces; largeur, 30. T.

BALTARD.

2. Paysage, Site pittoresque; dessin à l'encre de la Chine. Hauteur, 11 pouces 3 lignes; largeur, 8 pouces et demi.
3. Dessin d'Architecture au lavis. Hauteur, 14 pouces; largeur, 11.

BERNARD.

4. Une Femme faisant des Bulles de savon avec des enfants. (Ce tableau est gravé.) Hauteur, 14 pouces; largeur, 17. T.

BERTHON, élève de David.

5. Tableau allégorique des Contrastes. Hauteur, 15 pouces et demi; largeur, 18 pouces 6 lignes. B.

BERTIN.

6. Paysage avec figures, représentant Apollon et Daphné. Hauteur, 9 pouces; largeur, 12. B. (Même grandeur que le Paysage du n.° 77.)

7. Paysage au Soleil couchant, avec figures, représentant un sujet de la Vie de Diogène. Hauteur, 11 pouces; largeur, 14. B.

BIDAUD.

8. Paysage, Site de rochers. Hauteur, 8 pouces 3 lignes; largeur, 10 pouces 9 lignes. T.

9. Paysage avec figures, par Taunay. Hauteur, 9 pouces; largeur, 12. T.

BILCOQ.

10. Un Médecin aux Urines. Hauteur,   pouces; largeur,   T.

BOGUET. (d'Italie.)

11. Paysage riche et vaste, représentant un Printemps dans toute sa fraîcheur; figures

par Saint-Ours. Hauteur, 38 pouces; largeur, 52. T.

BOILLY.

12. Un tableau représentant des Femmes, des Amours et des Faunes se baignant, et jouant dans l'eau. Hauteur, 9 pouces; largeur, 12. B.
13. La petite Famille de Boilly, dans un chariot traîné par un chien. Hauteur, 14 pouces; largeur, 17. T.
14. Intérieur d'un Sallon, où deux jeunes Femmes s'apprêtent à jouer du piano. Hauteur, 18 pouces; largeur, 15. T.
15. Intérieur de Cour rustique, avec des Nourrices et des Enfants. Hauteur, 9 pouces; largeur, 12. B.
16. Autre représentant des Femmes occupées à filer. Même grandeur que le précédent.
17. Tableau représentant des Fleurs et des Oiseaux. Hauteur, 12 pouces; largeur, 9. B.
18. Autre représentant des Pièces de Monnaie. Hauteur, 10 pouces et demi; largeur, 13. B.

BOQUET.

19. Un Paysage avec figures. Hauteur, 9 pouces; largeur, 12. T.
20. Autre Paysage faisant pendant. T.
21. Un Paysage avec figures; vue de Montmorency. Hauteur, 15 pouces; largeur, 18. T.

22. Autre vue de Montmorency, faisant pendant.
23. Autre Paysage orné de figures capitales. Hauteur, 10 pouces; largeur, 12. B.

M.ʳᵉ BOUILLARD.

24. Une Vestale. Hauteur, 27 pouces; largeur, 23.

BOUNIEU.

25. Intérieur de Chambre rustique, d'une entente parfaite de lumière : sur le devant on voit un Porteur d'eau écoutant une Cuisinière qui lui parle dans la pièce du fond ; on voit encore sur le 1.ᵉʳ plan un jeune Garçon occupé à allumer un fourneau. Hauteur, 12 pouces; largeur, 14. B.

BOURGEOIS.

26. Un Dessin au bistre; vue d'Italie.
27. Un autre faisant pendant.

BRUANDET.

28. Une Forêt pittoresque, figures par Duval. Hauteur, 27 pouces; largeur, 32. T.
29. Un Paysage, Vue des Prés Saint-Gervais. Hauteur, 28 pouces; largeur, 34. T.
30. Autre Paysage, avec figures et animaux par Duval. Hauteur, 14 pouces; largeur, 18. B.

CARAFFE.

31. Un tableau représentant Marius assis sur les ruines de Carthage. Hauteur, 12 pouces; largeur, 15. T.
32. Un Dessin représentant Cambyse tuant le fils de Prexaspe.
33. L'Amour se console dans le sein de l'Amitié, de la rigueur du Temps et de la suite des Grâces. (Dessin.)

CLODION.

34. Une Hébé, jouant avec des Amours qui se disputent le plaisir de la couronner. (Terre cuite.) Hauteur, 18 pouces; largeur, 6.

CHRISTOPHE.

35. Une Marine, par un temps calme. Hauteur, 20 pouces; largeur, 30. T.

DAVID.

36. Un dessin représentant le Combat de Diomède et d'Enée. Hauteur, 33 pouces; largeur, 69.
37. Esquisse du tableau de Brutus. Hauteur, 9 pouces; largeur, 12.

DANDRILLON.

38. Vue du Campo Vaccino, où l'on voit le Temple de la Paix et l'Arc de Titus; ce tableau est orné de figures et d'animaux. Hauteur, 36 pouces; largeur, 48.

DEMARNES.

39. Un Paysage orné de figures et animaux. (Voyez le n.° 104.) Hauteur, 9 pouces; largeur, 12. B.

40. Une Paysanne sur un âne, conduisant un troupeau arrêté près d'un abreuvoir. Hauteur, 7 pouces; largeur, 8. B. (Même grandeur que le suivant.)

DESFONTAINES. (Strebich.)

41. Un tableau représentant des Hussards abreuvant leurs chevaux. (Ce tableau peut servir de pendant au précédent.) Hauteur, 7 pouces; largeur, 8. B.

42. Autre tableau très-capital du même Artiste, représentant un Convoi considérable escorté par de la Cavalerie : sur le premier plan on voit un Officier donnant des ordres. Hauteur, 9 pouces; largeur, 17. B.

43. Autre, un Escadron de Cavalerie passant dans un bois. Hauteur, 9 pouces; largeur, 12. T.

44. Autre, une Cantine de Vivandières à la porte d'une ville. (Même grandeur, T.)

45. Un défilé de Cavalerie, où l'on voit des Vivandières conduisant un troupeau. Même grandeur. T. (Ce tableau peut servir de milieu aux deux précédents.)

46. Autre, représentant une Bataille. Hauteur, 9 pouces; largeur, 12. T.

DRAHONET.

47. Une gouache; vue de Ruines. Hauteur, 13 pouces et demi; largeur, 17. (Cette gouache peut servir de milieu aux n.os 100 et 101.)

DUNOUY.

48. Un Orage. Hauteur, 15 pouces 6 lignes; largeur, 34. B.
49. Une Ville bâtie sur des rochers. Même grandeur. B.
50. Autre paysage, vue de Suisse; sur le devant on voit un Chariot traîné dans l'eau par des Bœufs. B.
51. Autre vue de Suisse. Sur le premier plan on remarque une fontaine. Hauteur, 13 pouces; largeur, 21. B.
52. Vue d'Italie, cascade. Même grandeur que le précédent. B.
53. Autre vue d'Italie, soleil couchant. Même grandeur. B.

DUVAL.

54. Paysage et Figures. Hauteur, 9 pouces; largeur, 11.

ESCHARD.

55. Paysage et Marine. Sur le premier plan sont des marchands de poissons. Hauteur, 23 pouces et demi; largeur, 30. B.

FABRE.

56. Un tableau représentant le Martyre de Saint Sébastien. Hauteur, 12 pouces; largeur, 15. T.

FOURNIER.

57. La Visite du matin. Hauteur, 10 pouces; largeur, 7. T.

GANDAT.

58. Paysage, site de rochers, Orage d'un effet piquant. Hauteur et largeur, 15 pouces.

GARNIER.

59. Une Mère posant une couronne de rose sur la tête de son enfant. Hauteur, 16 pouces et demi; largeur, 20. T.
60. Deux jeunes Amants s'enfonçant dans un bois. Hauteur, 14 pouces; largeur, 17. T.
61. Une jeune Fille endormie au pied d'une statue de l'Amour: son Amant respire la rose qu'il vient de lui prendre sur le sein. Même grandeur que le précédent. T.

GAUFFIER.

62. Un tableau représentant l'Annonciation de la naissance de Samson. (Ce tableau est en train d'être gravé). Hauteur, 37 pouces; largeur, 51. T.

Mlle GÉRARD.

63. Deux jeunes Amants occupés à relire leurs

lettres. (Ce tableau est gravé). Hauteur, largeur, T.

GREUZE.

64. Une Figure d'expression, représentant la Douleur. Hauteur, 10 pouces; largeur, 17. T.

GUERIN.

65. Tableau représentant les amours de Mars et de Vénus. Hauteur, 9 pouces; largeur, 12. B.
66. Un autre, les amours de Pâris et d'Hélène. Même grandeur que le précédent.

HARRIET.

67. Ariane abandonnée par Thésée dans l'île de Naxos. Hauteur, 48 pouces; largeur, 72 T.
68. Un Dessin à la plume, sujet tiré de Daphnis et Philis, de Gesner. Hauteur, 11 pouces; largeur, 13.
69. Un autre Dessin faisant pendant, tiré du même ouvrage.

HUE.

70. Paysage, Vue des Cascades de Tivoli. Hauteur, 11 pouces et demi; largeur, 17 et demi. T.

LA FITTE.

71. Tête d'Etude (Dessin).

LA FONTAINE.

72. Intérieur d'une Eglise de Flandre, figures par Demarne, représentant un Baptême, un Mariage et un Enterrement. Hauteur, 15 pouces; largeur, 20 pouces 9 lignes. B.

LANDON.

73. La Réflexion, Esquisse. Hauteur, 5 pouces; largeur, 7. T.

LEGILLON.

74. Un Pâtre gardant des vaches (Dessin). Hauteur, 8 pouces; largeur, 10.
75. Une jeune Fille conduisant un Ane. Même grandeur.
76. Autre Dessin. Hauteur, 7 pouces; largeur, 9.

LE SUEUR.

77. Paysage, et Ruines. Hauteur, 9 pouces; largeur, 12. B. (Même grandeur que le Paysage du n.° 6.)

MARCHAIS.

Collection complète des seuls Tableaux que cet Artiste ait peints, sur place, d'après Nature.

78. Vue prise dans la forêt de Saint-Germain. Un Berger, caché derrière des broussailles, joue de la flûte; une Bergère écoute avec surprise. Hauteur, 15 pouces; largeur, 12. T.
79. Autre Vue prise dans la même forêt. Une

Femme assise au bord de l'eau, fait abreuver ses vaches. Même grandeur que le précédent. T.

80. Vue des Environs de Chambourcy, avec figures, parmi lesquelles on remarque un homme serrant une petite fille dans ses bras. Hauteur, 12 pouces; largeur, 15. T.

81. Vue des Environs de Sceaux, avec figures, dont celles du second Plan sont occupées à considérer une vaste étendue de Paysage. T.

82. Vue prise dans la Forêt de Saint-Germain, à l'endroit où elle est traversée par un Etang dans lequel plusieurs femmes sont surprises au moment où elles se baignent. Hauteur, 9 pouces; largeur, 15. T.

83. Autre Paysage où l'on voit plusieurs figures tirant des Oiseaux à l'arc. Même grandeur que le précédent. T.

84. Vue des Environs du Pecq, où l'on découvre dans le fond le Pont du Pecq; Bergers gardant des Moutons dans la prairie. Hauteur, 10 pouces et demi; largeur, 15. T.

85. Vues des Environs de Saint-Germain, avec figures, dont plusieurs se disposent à s'embarquer. Même grandeur que le précédent. T.

86. Vue des Environs de Marly, d'où l'on découvre les Aqueducs: Bergers faisant paître leurs troupeaux. Hauteur, 8 pouces; largeur, 11. T.

87. Autre Vue prise du même côté. Sur un chemin qui traverse le devant du Pysage

dans presque toute sa largeur, on voit plusieurs Bergers conduisant leurs troupeaux aux champs. Même grandeur que le précédent. T.

88. Vue des Environs de Sceaux, avec figures assises au pied d'un arbre, sur le bord d'un chemin montant, qui traverse le milieu du Paysage. Hauteur, 9 pouces; largeur 12. T.

89. Vue des Prés Saint-Gervais, d'où l'on découvre le Village dans le fond: figures assises au pied d'une butte sablonneuse. Même grandeur que le précédent. T.

90. Vue prise dans la Forêt de Saint-Germain-en-Laye, avec figures occupées à courir un cerf. Hauteur, 18 pouces 6 lignes; largeur, 13 pouces 6 lignes. T.

91. Un Tableau représentant un Enfant sous les haillons de la misère, indécis s'il partagera son morceau de pain avec son chien. Hauteur, 12 pouces; largeur, 8. T.

92. Autre représentant l'Innocence sous la figure d'une jeune Fille conduisant un Agneau. Même grandeur que le précédent. T.

MALLET.

93. Intérieur de Sallon, gouache. Hauteur, 9 pouces; largeur, 13. T.

Exécuté par MARIN.

94. Groupe représentant l'Amour, la Jeunesse et le Temps. L'Amour, après avoir enchaîné

la Jeunesse avec des fleurs, l'entraîne sur un chemin glissant qu'il couvre de roses; mais le Temps lui découvre un Serpent sous ces roses. (Terre cuite destinée à servir de pendule). Hauteur, 16 pouces; largeur, 13.

MICHEL.

95. Vue d'un Moulin à Eau d'Essonnes, avec figures. Hauteur, 8 pouces; largeur, 10. B.
96. Intérieur d'une cour d'Auberge, où sont arrêtés plusieurs Cavaliers. Hauteur, 4 pouces et demi; largeur, 6 pouces et demi.
97. Intérieur d'une Écurie, d'où plusieurs Cavaliers se disposent à sortir. Même grandeur que le précédent. T.

MONSIAU.

98. Sujet représentant la mort de Caton d'Utique. (Dessin au Bistre).

MOREAU l'aîné.

99. Paysages ornés de fabriques. Hauteur, 12 pouces; largeur, 16. B.
100. Vue de jardin. (Gouache).

NAUDET.

101. Vue de Ruines, avec figures (Gouache). Hauteur, 17 pouces; largeur 14.
102. Autre, même sujet. Même grandeur.

NAUDOU.

103. Paysage, avec figures. Hauteur, 6 pouces; largeur, 8. B.

OMMÉGANCH.

104. Paysage et figures. Un Pâtre, tandis que ses vaches paissent, contemple un orage qui se forme au soleil couchant. Hauteur, 9 pouces; largeur, 12. B.

Nota. Ce tableau, pour le sujet et la grandeur, peut servir de pendant au tableau de Demarnes, n.° 39.

PRÉVOST.

105. Un Paysage d'une riche composition; figures par Vallin. Hauteur, 48 pouces; largeur, 72. T.
106. Paysage orné de fabriques, site d'Italie. T.

RENAUD.

107. L'éducation d'Achille par le Centaure Chiron. Hauteur, 17 pouces; largeur, 14. T.

ROBERT.

108. Paysage avec architecture et figures. Hauteur, 17 pouces; largeur, 14. T.
109. Un intérieur d'écurie. Même grandeur. T.

SCHMID.

110. Paysage au soleil couchant; figures par Desfontaines. Hauteur, 9 pouces; largeur 12.

SENAVE.

111. Intérieur d'une forge de Maréchal, avec figures dont les unes sont occupées à battre un fer rouge, et d'autres à ferrer un cheval. Hauteur, 14 pouces; largeur, 18. B.

SWAGERS.

112. Paysage avec Chaumière. Hauteur, 12 pouces; largeur, 15. T.

113. Autre Paysage. Même grandeur. T.

TAUNAY.

114. Apollon instruisant les Bergers. Hauteur, 11 pouces et demi; largeur, 17 et demi. T.

Nota. Ce tableau pour la grandeur peut aller en pendant avec celui de Hue, n.° 70.

115. Brouillard au soleil levant; paysage orné d'une marche d'animaux. Hauteur, 15 pouces; largeur, 25 et demi. T.

116. Paysage au Soleil couchant, avec figures représentant une Halte de Soldats. Hauteur, 18 pouces et demi; largeur, 22 et demi. T.

TAUREL.

117. Marine, suite d'un Naufrage: un Homme et un Enfant morts jetés sur le rivage. Hauteur, 15 pouces et demi; largeur, 21 et demi. T.

THIBAUT.

118. Paysage orné d'Architecture, Site pittoresque. Hauteur, 9 pouces; largeur, 12. T.

VALLIN.

119. Une figure à mi-corps, représentant une Danaé; médaillon en dessus de boîte.
120. Une Marine, Naufrage. Hauteur, 12 pouces; largeur, 18. T.

VAN DAEL.

121. Des Fleurs dans un gobelet de terre. Hauteur, 14 pouces; largeur, 11. T.

VANDER.

122. Paysage, figures par Demarnes. Hauteur, 12 pouces; largeur, 15.

VERGNIAUX.

123. Un Clair de Lune. Hauteur, 12 pouces; largeur, 15. T.
124. Paysage, vue de Suisse. Hauteur, 12 pouces; largeur, 15. T.
125. Autre Paysage, figure représentant un Paysan qui conduit une charrette. Hauteur, 13 pouces; largeur, 17. T.
126. Autre Paysage orné de figures et animaux. Hauteur, 17 pouces; largeur, 22. T.

J. VERNET.

127. Paysage et Marine. Effet de Brouillard. Hauteur, 32 pouces; largeur, 48. T.
128. Une Tempête, d'un effet piquant, enrichie

de Vaisseaux et de Figures. Même grandeur que le précédent. T.

CARLE VERNET.

129. Une Bataille. Hauteur, 22 pouces; largeur, 29. T.

VIGNIALIS.

130. Glaucias donnant l'hospitalité à Pyrrhus, enfant. Hauteur, 63 pouces; largeur, 96. T.

(Ce tableau est en train d'être gravé d'après le dessin qu'on en a fait.)

131. Un tableau représentant un Tapis et des Ornemens d'église, par M. A. Desbatailles. Hauteur, 27 pouces; largeur, 32.

132. Deux petits Bronzes, montés sur socle de marbre.

133. Quatre volumes, formant une Iconologie ou Traité complet d'Allégories, d'Emblèmes, etc. orné de plus de deux cents Estampes; ouvrage utile à tous les Artistes et Amateurs.

134. Plusieurs bons Tableaux modernes que le temps n'a pas permis de détailler.

FIN.

www.ingramcontent.com/pod-product-compliance
Lightning Source LLC
Chambersburg PA
CBHW030111230526
45471CB00003B/1357